Ich spreche Deutsch!

German Learning for Kids

BABY PROFESSOR

EDUCATION KIDS

Speedy Publishing LLC
40 E. Main St. #1156
Newark, DE 19711
www.speedypublishing.com

Colors

schwarz

shvahrts

black

weiß

vighss

white

grau
grou
gray
grau
grau
grau

rot

roht

red

rot
rot
rot

blau

blou

blue

gelb

gelp

yellow

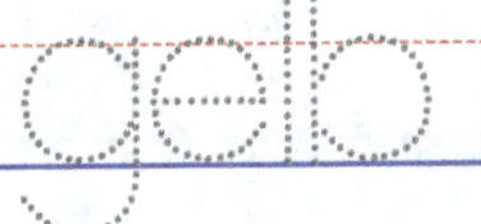

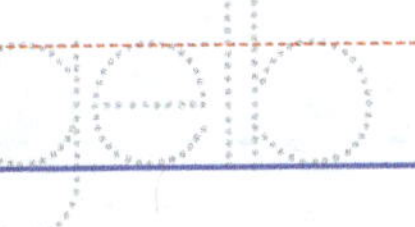

grün

gruun

green

grün

grün

grün

orange

oh-RAHNGSH

orange

orange

orange

orange

rosa
ROH-zah
purple
rosa
rosa
rosa

braun

brown

brown

braun

braun

braun

Common
Phrases

Guten Tag

goot-en tahk

Hello

Wie geht's?

vee gayts?

How are you?

Danke, gut.

DAN-kuh, goot

Fine, thank you.

Wie heißt du?

Wie heißen Sie?

What is your name?

Wie heißt du?

Wie heißt du?

Wie heißt du?

Ich heiße...

ikh HIGH-suh...

My name is...

Ich heiße...

Ich heiße...

Ich heiße...

Sehr angenehm

zayr AHN-geh-naym

Nice to meet you

Sehr angenehm

Sehr angenehm

Sehr angenehm

Bitte

BIT-tuh

Please

Bitte

Bitte

Bitte

Danke

DAN-keh

Thank you

Danke

Danke

Danke

Bitte sehr!

You're welcome!

Bitte sehr!

Bitte sehr!

Bitte sehr!

Ja

yah

Yes

Nein

nine

No

Nein

Nein

Nein

Entschuldigen Sie

ent-SHUL-di-gen zee

Excuse me

Entschuldigen Sie

Entschuldigen Sie

Entschuldigen Sie

Es tut mir leid

es toot meer lied

I'm sorry

Auf Wiedersehen

owf VEE-der-say-en

Goodbye

Auf Wiedersehen

Auf Wiedersehen

Auf Wiedersehen

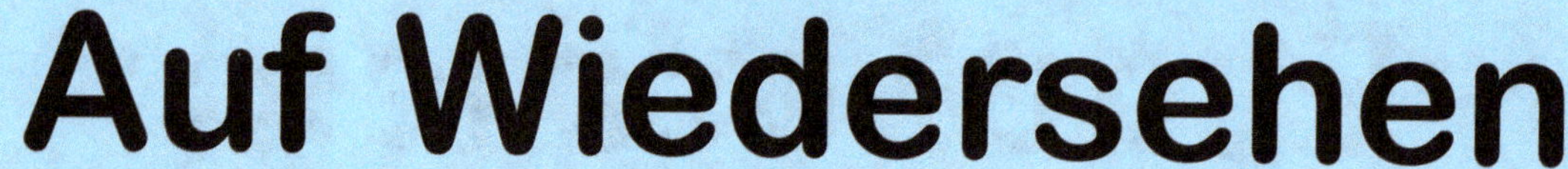

Numbers

eins

ighnss

one

eins

eins

eins

zwei

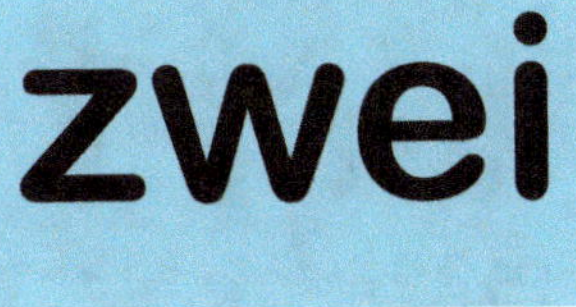

tsvigh

two

drei

drigh

three

vier

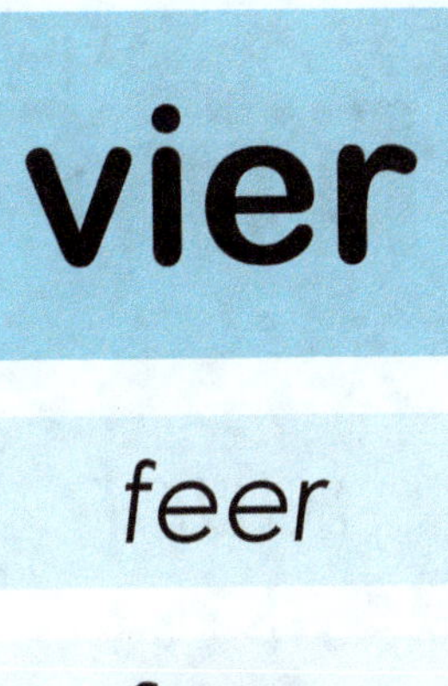

feer

four

fuunf

five

sechs

zekhs

six

sechs

sechs

sechs

sieben

ZEE-ben

seven

acht
ahkht
eight
acht
acht
acht

neun

noyn

nine

zehn

tsayn

ten

Visit

BABY PROFESSOR
EDUCATION KIDS

www.BabyProfessorBooks.com
to download Free Baby Professor eBooks
and view our catalog of new and exciting
Children's Books